Palma vue du parc de Belver

Marie de BEHEN

MALLORCA

(BALEARES)

LIBRAIRIE GEORG & Cie
GENÈVE & BALE

PHOTOTYPIE ET IMPRESSION
« SADAG » GENÈVE (SUISSE)
BELLEGARDE (AIN)

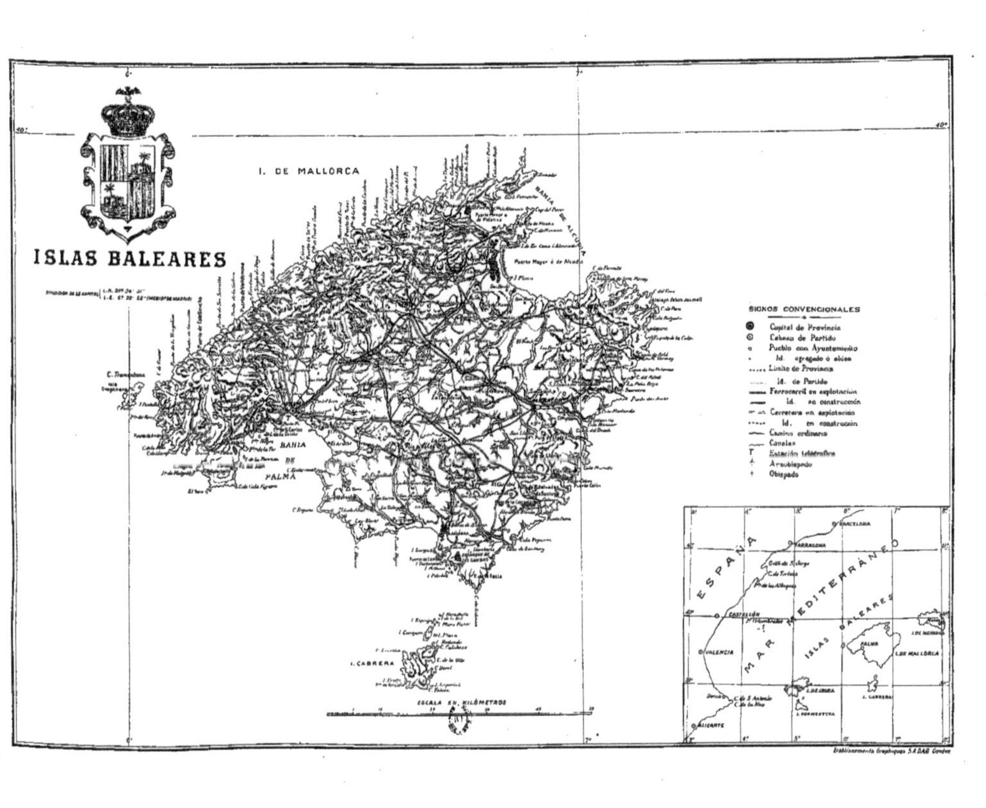
ISLAS BALEARES
I. DE MALLORCA
BAHIA DE ALCUDIA
BAHIA DE PALMA
I. CABRERA
C. Tramontana
SIGNOS CONVENCIONALES
Capital de Provincia
Cabeza de Partido
Pueblo con Ayuntamiento
Id. agregado ó aldea
Limite de Provincia
Id. de Partido
Ferrocarril en explotación
Id. en construcción
Carretera en explotación
Id. en construción
Camino ordinario
Canales
Estación telégrafica
Arzobispado
Obispado
ESCALA EN KILÓMETROS
ESPAÑA
MAR MEDITERRÁNEO
ISLAS BALEARES
BARCELONA
TARRAGONA
CASTELLÓN
VALENCIA
ALICANTE
PALMA
I. DE MALLORCA
I. DE IBIZA
I. FORMENTERA
I. CABRERA
Etablissements Graphiques S.A.D.A.G. Genève

PORT DE BARCELONE ET LE « MIRAMAR »

AVANT-PROPOS

Il y a trois ans j'avais fait en Espagne le tour classique de Madrid et de l'Andalousie. Il m'en était toujours resté le désir de repasser encore les Pyrénées. Cette fois je voulus sortir tout à fait des sentiers battus. L'Espagne, si prestigieuse comme dit un de mes amis, m'a toujours attiré par sa nature et son art. Je voulus cette fois visiter un des coins qui fût resté le plus lui-même, et me décidai pour les Baléares.

Je pensais bien aussi que sous cette latitude, en pleine Méditerranée, je trouverais dans ces îles de quoi satisfaire mon goût pour la peinture du paysage. Je dirai tout de suite que rien dans ce charmant et facile voyage ne m'a causé une déception.

Je reproduis simplement dans les pages qui vont suivre les notes que j'écrivais tous les soirs dans mon Journal encore sous l'impression vive de toutes les merveilles qui avaient frappé mes yeux.

Barcelone, 1er mai.

Je partis de Pau pour Barcelone dans l'après-midi d'hier. Le temps était gris, de gros nuages couvraient la chaîne des Pyrénées; le soir à la traversée du Plateau de Lannemesan, les montagnes éclairées un instant par la lune prirent des aspects sinistres, durs et rébarbatifs. Après la nuit, très froide pour la saison, je débouchai au petit jour à Port-Bou, frontière espagnole sur la Méditerranée.

Comme cette côte est différente de celle de l'Océan ! Quelques jours avant mon départ j'avais été à Fontarabie et j'étais montée sur le Jaizquibel d'où l'on a une vue superbe sur tout le littoral jusque vers Santander; la journée était radieuse, pourtant l'Océan remuait, vivait, et sur les côtes une frange d'écume montrait bien qu'un souffle de vent le réveillerait de son faux sommeil. Ici la Méditerranée était comme un immense lac, et pas une vague, pas une ondulation ne troublait son calme.

De Port-Bou, que l'on quitte au petit jour, à Barcelone, le train contourne d'abord les Pyrénées qui ne sont plus en cet endroit que des collines élevées; puis l'on débouche dans une plaine d'où la vue sur les montagnes est saisissante; plusieurs étages de collines bleu foncé, irrégulières de formes et bizarres d'allure, entourent un superbe groupe de montagnes neigeuses, tout rosé sous les rayons du soleil levant; quelques nuages rampaient de gauche à droite et menaçaient d'envelopper tout le paysage dans un voile opaque. Au premier plan, la plaine est parsemée de villes et de villages, de bouquets d'arbres et de cultures; puis les rayons du soleil éclairèrent toute la campagne, et les fenêtres des maisons se mirent à briller comme si les habitants y avaient mis des lumières.

A mesure que le train s'approche de Barcelone le paysage devient de moins en moins intéressant.

Barcelone elle-même donne l'impression d'une ville très vivante et commerçante, ce qu'elle est d'ailleurs, mais bien peu typique au point de vue pittoresque; c'est une ville qui aurait pû aussi bien être ailleurs qu'en Espagne. Sauf les rues étroites et tortueuses de la vieille ville, le reste n'a rien de frappant. Le cloître de la cathédrale est charmant avec son patio planté de palmiers et sa fontaine fraîche où quelques oies vivent paisiblement. L'intérieur de l'édifice qui date du XIIIe siècle est fort beau, les colonnes ou piliers sont d'une légèreté de proportion extraordinaire et donnent une impression de finesse à tout l'édifice. Les stalles du chœur ont de belles sculptures en bois, style gothique et Renaissance. Au fond de l'abside, devant le Christ de la bataille de Lepante, de nombreuses personnes prient agenouillées.

PORT DE PALMA

Malheureusement, la Real Audiencia, beau morceau d'architecture gothique, du milieu du XVe siècle, est en réparation et tout l'édifice plein d'ouvriers ; la cour intérieure, avec un escalier dans le genre de celui du Bargello de Florence est fort jolie, les colonnettes de la galerie supérieure très fines et bien proportionnées.

Je visitai aussi Santa Maria del Mar, dans le même style que la cathédrale, mais plus ancienne et plus sobre.

Barcelone, 2 mai.

Le temps est incertain et j'ai peur que nous n'ayons une traversée mouvementée; après déjeuner je vais embarquer, et à six heures et demie le bateau lève l'ancre.

Palma, 3 mai.

Hier la traversée a été belle, la pleine lune éclairait la mer houleuse. Vers les quatre heures du matin nous commençions à cotoyer Mallorca, des montagnes sombres, bleu-gris foncé, à peine éclairées par l'aurore, semblaient inhospitalières, sauvages et désertes. Nous doublons deux caps rocheux et abrupts, puis doucement le bateau entre dans la baie de Palma, et les premiers rayons d'un vrai soleil du midi frappèrent en ce moment les murailles rouges de la cathédrale. Là-bas, au fond d'une baie calme, elle domine de sa masse imposante la ville qui s'étage en amphithéâtre. Dans le lointain, des montagnes encadrent le paysage; une belle lumière enveloppe la ville avec ses églises, ses palais et toute sa grâce.

Une tour de guette

Le bateau s'amarre au quai; après avoir remis mes bagages au portier de l'hôtel je m'en vais à pied vers la ville.

L'hôtel est d'un style affreux et grotesque, mais il est confortable, et de mes chambres au quatrième je vois la place du marché avec le beau palais de Zaforteza, la ville et un coin de mer.

La journée se passa en promenades, d'abord je fis le tour des remparts, qui malheureusement sont détruits à un endroit; ils ne datent que du règne de Philippe V et sont d'ailleurs très bien conservés.

Je crois nécessaire, pour rendre le récit de mon voyage plus intéressant, de donner ici un court aperçu de l'histoire des Baléares.

Les îles Baléares, d'abord colonie carthaginoise, puis romaine,

Port de Palma et château de Belver

furent occupées par les Vandales et ensuite par les Arabes en 716 sous la conduite d'Abdallah, fils du Musa. Elles restèrent sous la domination maure pendant cinq siècles. Al Muhtadi, qui régna sur les îles au XIe siècle, fit alliance avec Raymond Bérenger, premier comte de Barcelone, mais après sa chûte en 1114, les souverains sarrasins de Mallorca devinrent bientôt des chefs pirates. Pour mettre fin à ce fléau, les Aragonais débarquèrent dans l'île l'an 1229, sous la conduite de Jayme Ier, el Conquistador. Palma, alors appelée Mallorca, fut prise en décembre de cette année, après un long siège. Les Maures se défendirent avec acharnement, il y eut bataille dans les rues, notamment dans celle nommée depuis San-Miguel. La première mosquée que les chevaliers rencontrèrent sur leur chemin devint l'église de ce nom.

Le Roi Jayme retourna en Catalogne, mais revint trois fois à Mallorca et y institua des lois très-libérales. Après lui règna sur les Baléares, son fils aîné Jayme II, marié à Esclara Munda, fille du Comte de Foix.

Jayme II, obligé de résider dans ses domaines de Cerdagne, Roussillon et Montpellier, fut momentanément dépossédé de Mallorca par son neveu Alfonso III, roi d'Aragon, mais il y revint en 1294 et régna encore quinze ans. Il bâtit quelques villes, entre autres Monacor,

VUE DE MES FENÊTRES A PALMA

Calle de Montenegro à Palma

fit prospérer le commerce en établissant une monnaie stable, protégea les arts et mourut dans son palais de Almudania le 28 mai 1311.

Son fils aîné s'était fait moine franciscain ; ce fut son second fils Sancho qui lui succéda. Ce dernier épousa Maria, fille du roi de Naples, mais n'en eut pas d'enfants. Ils adoptèrent le petit Jayme, fils du vaillant Fernando, frère cadet du roi Sancho.

Sous le règne de ce roi, les pirates Barbaresques attaquèrent l'île à différentes reprises. Ce fut alors que les chrétiens construisirent les tours de guette qui se voient encore sur la côte.

Sancho mourut en 1324, regretté de ses sujets. Son corps fut enterré dans ses possessions continentales en l'église de St-Jean à Perpignan. Il eut pour successeur son neveu Jayme III, roi de Mallorca, comte de Roussillon, Conflent et Cerdagne, seigneur de Montpellier, et comme héritier de sa mère, seigneur de Morée et de Montagriffone. Son oncle, le moine Philippe, fut institué régent pendant sa minorité. Son règne fut paisible jusqu'à la mort, en 1335, de son cousin Alfonso IV, roi d'Aragon, auquel succéda Pédro IV, son fils. Celui-ci était beau-frère de Jayme III, qui avait épousé Constance, sœur de Pédro.

Pédro IV, prince ambitieux et cupide, convoita les Baléares et en entreprit la conquête. Jayme III, pris à l'improviste, ne put résister ; en 1343, Mallorca fut annexé à la couronne d'Aragon après une guerre sanglante. En 1349, Jayme III, avec l'aide de la reine de Sicile, revint dans l'île, mais fut défait et tué dans une bataille près de Luchmayor le 25 août 1349.

C'est dans ces circonstances tragiques que Jayme IV succéda à son père; il fut le dernier roi des Baléares. Ce malheureux enfant de quinze ans, fait prisonnier dans la bataille où périt son père et retenu à Barcelone, parvint à s'échapper. En 1362, il parut à la cour de Naples et épousa la reine Jeanne Ire. Il lutta toute sa vie pour recouvrer sa couronne, mais fut finalement empoisonné par son oncle Pédro IV et mourut en 1375 sans postérité. Les îles firent désormais partie du royaume d'Aragon.

La dynastie des rois des Baléares avait duré un siècle. Ce furent tous des princes valeureux, sous le règne desquels les îles virent s'accroître leur prospérité.

LES REMPARTS DE PALMA

En 1479, le mariage de Ferdinand roi d'Aragon avec Isabelle de Castille réunit les deux couronnes, les Baléares entrèrent dans le royaume des Espagnes, tout en gardant leurs fueros.

En 1521, eut lieu une terrible insurrection de paysans sous la direction de Jean Crespi, qui coûta la vie à beaucoup de nobles, parmi les anciennes familles de l'île, un Cotoner, cinq Puigdorfilas, un Despuig. Le reste de la noblesse se réfugia à Alcudia. Après de longues luttes, les insurgés se soumirent en mars 1523.

Sous les Bourbons, les Baléares perdirent en richesse et en bien-être, les vieilles prérogatives furent abolies, la vice-royauté supprimée. De nos jours, le commerce et l'agriculture ont pris un nouvel essor.

Après avoir fait le tour des remparts je me dirigeai vers la cathédrale, vaste édifice commencé au XIIIe siècle sous le règne de Jayme el Conquistador. Elle a l'aspect à l'intérieur d'un bâtiment restauré, mais il y a de belles parties, les stalles entre autres, et les deux chaires qui sont d'un beau travail Renaissance; les piliers très espacés comme ceux des églises de Barcelone sont légers de formes et d'une belle hauteur; la façade a été également refaite, et comme toutes les restaurations gothiques elle prend un air ennuyeux et monotone.

La ville, sauf un faubourg, est prise toute entière dans l'enceinte et se compose d'une masse de petites rues tortueuses, bien pavées et propres, bordées de hautes maisons et de palais. Ceux-ci sont percés de rares fenêtres, avec des toits à corniche, en bois sculpté très en saillie, recouvrant immédiatement une galerie basse, à petites colonnettes caractéristiques. Par endroits on ne voit qu'un mince filet de ciel au-dessus de sa tête. En flânant dans Palma on découvre des patios charmants à l'entrée voûtée et soutenue par d'anciennes colonnes à chapiteau. Le patio lui-même a souvent dans un coin un puits, un bananier ou un palmier ; de là monte un large escalier dont la rampe est d'un travail de ferronnerie délicieux.

Palma, 4 mai.

Aujourd'hui j'ai passé toute l'après-midi à Belver à peindre une jolie vue derrière le château. Le château, don du roi régnant à la ville, a été bâti par Jayme II au XIIIe siècle ; il est entouré d'un parc sauvage comme le mâquis corse et couvert d'une forêt de pins d'Alep. D'un côté la colline sur laquelle s'élève le château, descend en pentes douces vers la plaine et Palma, de l'autre vers la mer ; une mer toute bleue avec des raies d'un bleu plus intense ; dans le lointain une presqu'île rocheuse d'un rose

BANANIER DANS UN PATIO

Patio du Palais Zaforteza

ENTRÉE DU PARC BELVER

estompé ; quelle pureté de lignes et de tons ! Le mâquis embaume et le soir vient doucement sans que je m'en aperçoive ; soudain la lune se montre derrière une des tours ; tout est paisible et les rossignols commencent à s'interpeller et à se répondre. Des glaïeuls sauvages tout rouges et de jolies fleurs blanches restent seuls visibles dans la broussaille, le ciel se teinte de tons bleu clair et verdâtre, des nuages roses et orangés sillonnent le couchant, les collines ont pris des teintes bleu outre-mer et les rossignols chantent toujours !

VUE DE LA MER SUR LA ROUTE D'ANDRAITX

Patio d'un Palais de la Calle de Muray à Palma

Estallenchs, 5 mai.

Aujourd'hui départ pour Estallenchs. Je quittai Palma à huit heures pour Andraitx, qui se trouve à une trentaine de kilomètres.

La route qui suit en partie la côte est pittoresque ; elle traverse

Olivier sur la route d'Andraitx

une plaine étroite, entre la mer et une ligne de collines ; cette plaine est bien cultivée quoique pierreuse, des vergers d'oliviers et d'amandiers se voient presque tout le long du chemin.

Andraitx lui-même n'offre rien de bien intéressant, c'est un bourg qui paraît assez neuf avec des rues droites. J'y déjeûnai pendant que l'on chargeait mon bagage sur une toute petite ânesse, le seul animal de somme que l'aubergiste put trouver dans le village à cette heure ; à deux heures et demie je quittai Andraitx à pied en suivant un charmant vallon qui s'élève en pente douce ; la végétation

Cultures en terrasses

y est vraiment luxuriante, de nombreux canaux irriguent les champs; ces champs sont soutenus par de petits murs construits en terrasses.

Plus je monte, plus la végétation devient sauvage, et finalement j'arrive à des fouillis de plantes odorantes parsemés de glaïeuls, d'orchidées et d'autres fleurs fortement colorées. Le sentier monte jusqu'à un point où l'on débouche en vue de la mer, une immensité bleue, sans une vague; la côte dans cette partie de l'île est dominée immédiatement par des montagnes escarpées, et depuis cet endroit le sentier ne la quitte plus et la suit en corniche. La végétation se compose presque exclusivement de petits palmiers nains poussant en buissons, et leurs feuillages foncés contrastent avec les rocs gris-clair et rouge. De fiers à-pics se dressent presque partout au-dessus du sentier, et, au-dessous s'étend à l'infini une mer bleue et comme moirée. La descente sur Estallenchs est délicieuse. Comme un vrai nid de corsaires, les petites maisons blanches du village, éclairées par les derniers rayons du soleil, se serrent l'une contre l'autre et s'étagent au fond d'un étroit vallon.

De tous côtés les montagnes rocheuses l'entourent sauf à l'ouest où une gorge descend vers la mer. Comme il n'y a pas ici de posada établie, je loge chez un des habitants où, je crois, les rares voyageurs logent d'habitude ; une salle-à-manger propre avec une vieille pendule me parut très-hospitalière, et je fus tout-à-fait ravie quand le maître de la maison me montra ma chambre en haut, toute blanchie à la chaux, avec un plafond à poutrelles apparentes. Au

VUE D'ESTALLENCHS

demeurant, tout est propre ici, les ruelles, les maisons et les habitants. La lune éclaire bientôt ce charmant lieu et les rossignols se mettent à chanter parmi les orangers en fleurs et les citronniers.

Estallenchs, 6 et 7 mai.

Je passai ces deux jours à Estallenchs à peindre une vue du bourg et des montagnes escarpées qui l'entourent. Estallenchs comme je l'ai déjà dit plus haut est un joli village bien propret, s'étageant sur une pente raide, un clocher à toit plat s'élève au centre. Les environs sont charmants, la vallée est cultivée d'une manière remarquable, chaque champ est irrigué, l'eau y parvient par des canaux en maçonnerie fort bien faits qui m'ont l'air de dater des Maures, comme ceux qui se trouvent dans la vega de Grenade. De beaux oliviers et caroubiers aux feuillages tantôt gris-argent, tantôt vert-foncé, abondent de tout côtés, le tout a un air riant et prospère.

Ce qu'il faut aller voir d'Estallenchs, c'est la petite plage qui se trouve en bas de la vallée, plage minuscule formée comme par une brèche dans la ligne des falaises et entourée de rocs abrupts, peu engageants aux navigateurs, que battent les flots d'une grande profondeur.

Quand j'y vins, le vent du sud s'élevait, la soirée s'avançait, de gros nuages gris montaient de l'horizon, de temps en temps le vent venant de la côte moirait la surface de la mer; plus la nuit tombait plus le vent fraîchissait, la côte inhospitalière avec ses rocs rouge-foncé prenait un aspect sauvage ; pas une habitation aux environs, ni un être humain, sauf deux rameurs dans une barque qui se dépêchaient de rentrer dans un port voisin. Les hommes ramaient dur et la barque semblait perdue sur cette mer sombre ; que le tout était sinistre et effrayant ! Longtemps je restai sur le haut de la falaise à regarder cette barque qui, poussée par le vent et rasant la côte, disparut enfin derrière un rocher.

Estallenchs est un endroit où il ne suffit pas de venir pour une heure, il faut y passer quelques jours, s'y promener, causer avec les habitants, les voir travailler leurs champs et vivre leur vie paisible et heureuse.

MAISONS D'ESTALLENCHS

Cette nuit, le temps s'est couvert, le vent souffle de plus belle. Que fait la pauvre barque avec ses deux vaillants pêcheurs ? Nous aurons de l'orage dans la nuit, et les agriculteurs des environs verront avec plaisir tomber la pluie, car voilà près de deux mois qu'il n'a plu sur Mallorca.

Demain je repars pour Palma par une route de voiture que l'on dit être belle, je verrai si le temps me permettra d'en jouir.

HACIENDA PRÈS D'ESTALLENCHS

Palma, 8 mai.

Ce matin je me lève comme d'habitude vers six heures et après avoir déjeûné dans la petite salle-à-manger du premier, je retournai mettre quelques touches finales à mon étude.

A midi, je vais comme de coutume faire ma soupe au lait et à la farine d'avoine, dans la petite cuisine de mes hôtes ; le lait est trait à une belle chèvre brune qui loge dans le fond même de la cuisine derrière un petit mur, elle y paraît d'ailleurs tout-à-fait chez elle.

Après déjeûner je pars à pied, pour mieux jouir de la vue, le cocher qui était venu me chercher de Palma le matin même me suit avec le bagage.

D'Estallenchs à Bañalbufar il y a sept kilomètres, la route suit toujours la corniche ; le temps est un peu gris et de légères nuées couvrent le haut des montagnes ; pourtant la mer est d'un beau bleu foncé, et l'horizon se perd dans un brouillard rosé.

Route d'Estallenchs a Bañalbufar

De temps en temps la route traverse de vrais fourrés coupés de rochers, puis tout-à-coup paraît un vallon où coule un petit ruisseau, et le paysage change brusquement. Une belle culture en terrasses, des plantations d'orangers, de vignes en pergola remplacent les pins sauvages et les palmiers nains. Les falaises descendent partout à pic, et leurs contours se profilent en caps successifs à l'est et à l'ouest. A un endroit la route passe sous des rochers couverts de stalactites qui prennent des formes de lave fondue, de larmes géantes. Un peu avant d'arriver à Bañalbufar l'on trouve une vieille tour construite sur un promontoire, d'où la vue est superbe ; à droite et à gauche une succession de caps tombent droit dans la mer, le ton de ces différents plans passe du bleu-gris au mauve rosé. Quel poste merveilleux que cette tour ! Elle est encore utilisée par les *carabineros* qui de ce poste élevé peuvent surveiller les contrebandiers de mer.

L'arrivée sur Bañalbufar n'offre rien de très marquant, je m'y arrêtai pour changer le rouleau de mon kodak dans une cuisine proprette, où deux mères de famille étaient très occupées de leurs

BAÑALBUFAR

poupons; cette pièce était spacieuse, comme toujours blanchie à la chaux; devant la porte grande ouverte, un filet en fin réseau de ficelle empêche les mouches d'entrer dans l'habitation; ces réseaux se voient partout, et en traversant le village j'aperçois de jolies silhouettes de jeunes femmes derrière le filet discrètement écarté !

Après Bañalbufar la route se dirige vers l'intérieur de l'île et monte en lacets jusqu'à un col. Plus loin, on a de nouveau de belles échappées sur la mer; vers Miramar et Sóller un roc isolé dresse sa cime aigüe au-dessus de l'eau, et sa paroi lisse semble toute diaphane, éclairée par les rayons tamisés du soleil. Des nuages, plutôt des brouillards légers, courent sur la mer et la montagne, et le paysage prend des reflets d'opale.

Sur la route je croise une quantité de *caretons*, tous attelés de belles mules ou de petits chevaux au type arabe, blancs ou noirs. Ils reviennent de Palma où chaque samedi il y a foire.

La route suit ainsi le contour des montagnes, traversant l'épaisseur du massif qui borde la côte septentrionale de l'île jusqu'au village d'Esporlas. Avant d'y arriver elle passe près d'une très jolie villa la *Granja d'Esporlas*, propriété de la famille Fortung.

Le village lui même se trouve dans une vallée de l'autre côté de la chaîne que j'ai traversée; j'y ai pris un chocolat exquis, épais et parfumé, suivi du traditionnel verre d'eau fraîche. D'Esporlas à Palma il y a encore onze kilomètres, dont la plupart dans la plaine poussiéreuse qui s'étend du pied des montagnes jusqu'à la côte sud de l'île.

Palma, du 9 au 12 mai.

Je suis retournée à Belver pour visiter le château. Il est curieusement bâti en cercle entouré d'un double fossé profond et flanqué de plusieurs tours; la principale, la Torre de Homenaje, se relie à l'édifice par une arche hardie. Une première entrée accède au chemin de ronde, la seconde franchit le fossé par un pont, autrefois pont-levis, et passant sous le corps de logis, aboutit à une cour centrale circulaire du plus bel effet; une double rangée de colonnes et d'arcs gothique primitif en font le tour; au milieu le puits d'une vieille citerne.

MOULIN A VENT

Toutes les pièces dont les plafonds sont à arêtes gothiques (malheureusement blanchis à la chaux au siècle dernier), donnent sur cette cour intérieure; les fenêtres, sur les fossés extérieurs, ont une fort belle vue.

L'édifice a bien conservé son caractère moitié forteresse, moitié palais. Il fut construit par l'architecte Mallorcain Pedro Salvá sous le règne de Jayme II, comme je l'ai dit plus haut.

J'ai parlé de la Cathédrale, mais non de l'ancien palais des rois Maures situé tout auprès et dominant la mer, qui sert aujourd'hui de Cour de Justice. Comme toutes les constructions mauresques,

Cathédrale de Palma

l'extérieur est à peine percé de petites fenêtres, sauf au midi où il y a de belles galeries à colonnes. La cour au contraire, avec ses toits à grandes corniches de bois, ses escaliers, ses portes, son vieux puits, produit le plus heureux effet.

La Casa Consistorial est surtout remarquable par son toit à corniche ; la façade, détruite par un incendie, a été reconstruite en style fin XVIe, je ne sais à quelle époque. A l'intérieur, la salle du Conseil (d'ailleurs moderne), avec un beau plafond à caissons, est ornée des portraits de toutes les illustrations de l'ile ; à la place d'honneur, le portait de Jayme el Conquistador en robe rouge, d'une époque inconnue.

Cour du chateau de Belver

Sur le port, deux édifices méritent l'attention, le Consulado de Mar avec une jolie galerie Renaissance à colonnettes, et la Lonja qui fut bâtie par les principaux marchands de Palma et achevée en 1450. L'architecte qui en fit les plans était Guillelmo Sagrera, le même qui bâtit le Castel Nuovo à

ALMUDANIA. - PALAIS DES ROIS DE MALLORCA

Naples. Cette ancienne Bourse du Commerce est du plus beau style gothique, elle renferme une seule salle dont la voûte est soutenue par de délicieuses colonnes torses sans soubassements ni chapiteaux, qui s'étalent en arête de voûtes, imitant à ravir le tronc et le feuillage du palmier.

Quand aux palais et à leurs patios exquis, on en aperçoit à tout instant par la porte toujours entr'ouverte sur la rue.

Ces palais presque tous habités, en parfait état de conservation, appartiennent pour la plupart à l'ancienne noblesse Mallorcaine qui ne semble pas avoir déserté son île. Par contre, les anciens couvents sont aujourd'hui bien délaissés, ne citons que celui des Franciscains fondé par Jayme II en l'honneur de son fils aîné qui était devenu moine de cet ordre. Le cloître à double galerie gothique est digne d'une visite quoique tombant en ruine.

PATIO DE L'ALMUDANIA

Consulado de Mar

Miramar, 13 Mai

De grand matin, le temps semblait clair, je me décidai à partir pour Sóller en passant par Miramar,

Calle Almudaina a Palma

Patio a Palma

La Lonja (1450)

Cloitre des Franciscains

Cloitre des Franciscains

lieu où Raymondo Lul fonda une école pour enseigner l'arabe dans le but de convertir les infidèles; mais son plan échoua, et il s'en fut par le monde prêchant le christianisme et écrivant des livres d'une étrange philosophie jusqu'au jour où à quatre-vingts ans il fut lapidé en Tunisie.

Vers les six heures le ciel était devenu menaçant, je partis tout de même. La route en sortant de Palma suit la plaine pendant une dizaine de kilomètres; les chevaux pataugent dans la boue produite par les terribles averses des jours précédents; les montagnes se couvrent de nuages noirs orageux, je dois m'arrêter dans une petite auberge au bord du chemin pour m'abriter. Toutes les maisons isolées sur le bord des routes sont pourvues d'un auvent sur colonnettes sous lequel on peut enfourner une voiture et ses chevaux sans dételer. Bientôt je repars quoiqu'il pleuve encore; arrivés au pied de la montagne nous nous engageons dans une vallée étroite. Comme partout dans ce pays, les oliviers qui poussent sur le flanc de la montagne sont magnifiques, leurs troncs tortueux prennent les formes les plus bizarres; c'est extraordinaire qu'ils puissent pousser parmi les rochers sur des pentes aussi raides ! La végétation se compose en outre de caroubiers, de grenadiers, de neffliers du Japon, de figuiers, de chêne-verts; autour des *haciendas*, des orangers, des citronniers; généralement un ou deux palmiers s'élancent auprès des habitations.

RUE A PALMA

Après avoir remonté ce charmant vallon, j'arrive à Valdemosa, village qui se groupe autour d'une vieille Chartreuse. C'est là que le

Chartreuse de Valdemosa

roi Sancho s'était construit un château pour y résider et chasser aux alentours. En 1413 S.-Vicente vint à Mallorca visiter ces lieux. Le roi d'Aragon Martin donna le palais pour en faire une Chartreuse. Ce monastère prospéra pendant plus de quatre siècles.

A en juger par les plafonnages et les ornements de l'église, le tout fut reconstruit au XVIIe siècle. L'église est grande et n'offre rien de très curieux; les stalles sont d'une simplicité rare. Le cloître

Valdemosa

blanchi à la chaux, est sobre de lignes; sur un long passage voûté s'ouvrent à distances égales les portes des anciennes cellules des moines. En 1835 le couvent fut supprimé, les cellules furent achetées séparément par des habitants de Palma qui viennent y passer l'été. Celle du prieur est habitée toute l'année par un vieux médecin, fort brave homme qui m'en fit les honneurs. Elle se compose d'une cuisine, (seule place où l'on pouvait faire du feu), de la salle à manger avec plafond voûté orné de marbre noir datant du XVIIe siècle, puis de deux ou trois autres belles pièces, le tout donnant sur un charmant petit jardin en terrasse planté d'orangers et de fleurs et surplombant le vide. Chaque cellule a son terrain séparé l'un de l'autre par de hauts murs. La vue des terrasses donne sur la vallée vers Palma et regarde le sud.

A Valdemosa

Georges Sand vint avec Chopin dans ce monastère au lendemain de la dispersion des Pères, moment critique durant lequel elle ne rencontra pas un chaleureux acceuil de la population.

Valdemosa est située sur le petit plateau dont l'autre versant descend vers la côte Nord. La route suit les contours de la montagne dans un vrai parc de verdure. Arrivée à la petite auberge de Miramar, (vingt-deux kilomètres de Palma), je me décidai à y rester toute la journée et à y coucher avec l'espoir que le temps se lèverait plus tard.

Hacienda de Miramar a l'Archiduc Louis-Salvator

L'auberge est entretenue par l'archiduc Louis Salvator à qui appartient Miramar; quiconque le désire, peut y loger pendant trois jours, le logement est propre et agréable ; il est gracieusement offert par l'Archiduc, il faut seulement apporter sa nourriture avec soi ; l'aubergiste cependant fournit du vin, du pain et du bon lait de chèvre. Je fis la soupe au lait et à la farine d'avoine qui m'avait déjà bien servi à Estallenchs; le repas terminé, les nuages s'étaient dispersés; il était près d'une heure, j'avais donc toute la journée pour me promener et aussi pour peindre.

La vue derrière l'auberge est de toute beauté : la mer bleue s'étend à mes pieds ; à gauche un cap avoisinant se perd dans la brume bleuâtre, à droite la Foradada, « roche perçée », d'un ton brun-rouge s'avançe en éperon aigu dans la mer, qui à cet endroit paraît encore plus transparente et profonde; de belles taches bleu-paon et vertes se succèdent à la surface des eaux avec une harmonie surprenante ; au delà, une crique sépare la Foradada d'un autre promontoir plus élevé, mais moins saillant; une tour de guette s'élève sur un rocher; dans le lointain, un autre cap semble tout rose et couleur chair; le tout a des tons profonds et chauds dont la gamme est d'une belle richesse.

Miramar et la Foradada

Au-dessus d'un pan de rocher s'élève la maison de Miramar, simple hacienda avec une tour carrée et entourée de palmiers ; cette hacienda est construite sur l'emplacement du collège fondé par Raymondo Lul.

Quand j'eus terminé ma peinture, je fis une charmante promenade dans la partie du parc située en contrebas de la route et dominant immédiatement la mer. De jolis sentiers mènent à d'admirables points de vue, ils sillonnent toute la forêt en pentes abruptes, montent et descendent le long de la côte à différents niveaux, partout on aperçoit la mer à travers les arbres, les rossignols s'y répondent de tout côtés et ne sont nullement troublés par le passage du promeneur.

La soirée est merveilleuse, si calme, si tranquille ; j'ai rencontré sur la route l'Archiduc qui revenait de Palma dans un simple careton mallorcain, voiture si originale en bois léger et couverte d'une toile blanche pour garantir de la pluie et du soleil ; de petites fenêtres carrées s'ouvrent des deux côtés et derrière au-dessus de la portière. La voiture était attelée d'une paire de jolis petits chevaux blancs, très-près du sang arabe.

Le dîner se passa dans la grande salle-à-manger du rez-de-chaussée de l'*hospederia*. Une bonne table de bois, de jolies chaises mallorcaines, dont le siège est tressé en dessins faits de cordelettes de paille, des plats de couleur du pays sur un dressoir, un flambeau à huile en cuivre, bien brillant, ornent la pièce.

Sóller, 14 mai.

Temps superbe ! Un chaud soleil éclaire tout Miramar, et les contre-jour sont ravissants à cette heure matinale.

Comme je ne pensais partir pour Sóller que vers onze heures, je vais faire un tour dans une autre partie de ce merveilleux parc ; en passant près de la maison, j'aperçois un chemin qui descend jusqu'au bord de la mer. C'est loin, car la côte est élevée ; je finis par arriver jusqu'à la grève ; l'eau était si transparente que l'on pouvait voir très distinctement les pierres à une grande profondeur. Le chemin nous conduit, mon guide et moi, le long de la côte jusqu'au cap de la Foradada. A un tournant très inopinément nous tombons sur un vrai troupeau de chiens Léoberger, très doux d'ailleurs, accompagnés d'un garde de l'Archiduc.

Au passage étroit qui relie le cap à la terre le chemin passe sur la côte Est de la presqu'île au-dessus d'une crique couleur saphir que surplombent des rochers gris, rouges et roses. Il fait chaud et les nuages s'amoncellent sur la chaîne de montagne à l'intérieur des

DEYÁ

Vue prise du chemin de la Foradada

terres, ce qui rend la mer toute sombre par endroits. Le roc abrupt de la Foradada se détache au bout du cap. Pour y monter, il y a des rochers à gravir, un peu scabreux par endroits, car si le pied venait à manquer on ferait un beau plongeon ! Ce sont des rochers d'un calcaire fort dur rongés cependant par la mer. Tout au sommet et à l'extrêmité de la Foradada au-dessus du trou qui lui donne son nom, une plaque de marbre placée par la société de géographie d'Espagne indique sa longitude, sa hauteur (40 m.), etc. La vue est superbe, on est si avancé dans la mer qu'on se croirait sur le pont d'un navire. Quelle étendue de côte ! On aperçoit cap après cap se profilant en tons divers l'un derrière l'autre jusqu'à la pointe de l'Ile de la Dragonera, dont le profil aigu se détache sur l'horizon. Mais l'originalité de cette vue, c'est que l'on domine en surplomb de trois côtés à la fois les profondeurs bleues de la Méditerranée.

J'ai ramassé sur la Foradada un assez bel exemplaire de cristallisation calcaire. En un quart d'heure nous arrivons en bas. Il fallut remonter à la fonda par une chaleur accablante, et le chemin me parut long.

La route, qui suit la côte en corniche comme presque partout dans le nord de l'île, offre de beaux points de vue. Un charmant endroit, c'est le petit village de Deyá, dont les maisons sont pittoresquement groupées sur des pentes. Dans les moindres plis de terrain, des ruisseaux, des cascatelles ; toujours des orangers et les citronniers embaumant l'air.

Il y a dix-sept kilomètres de Miramar à Sóller qui se font trop vite à mon grès ; la descente sur Sóller est fort jolie. Cette ville, la seconde de l'île, sauf le groupe compact autour de l'église, est dispersée au loin dans la campagne toute noyée dans un immense bois d'orangers et de citronniers. De temps en temps, auprès d'une maison s'élève un palmier, dont la cime empanachée se balance gracieusement. La vega est entourée d'une crête de montagnes rocheuses, absolument sauvages et sans végétation. Dans le fond le Puig Torrellas, l'Olafre et d'autres cimes rappellent les Dolomites du Tyrol ; ces montagnes contrastent étrangement avec cette admirable plaine en amphithéâtre, si riche et si bien cultivée.

Sóller

A quatre kilomètres au nord se trouve le port de Sóller, village de pêcheurs situé sur une petite baie bien fermée du côté de la grande mer, deux phares indiquent son entrée, celui qui se trouve près du village est construit sur des rochers minés par l'eau, et le gardien qui m'en fait les honneurs me dit que quand la mer est grosse, les lames en se brisant couvrent tout le phare et donnent une trépidation très désagréable. En outre des grandes barques de pêche, les bâtiments de commerce entrent à Sóller, principalement pendant les trois mois d'hiver, pour charger des oranges et des citrons.

Quand le roi vint à Sóller sur le *Cardenal Cisneros*, le croiseur toucha, mais il put se dégager non sans peine et reprendre la haute mer.

Sóller, 15 mai.

A quatre heures réveil pour l'ascension du Puig Mayor (1506 m.).

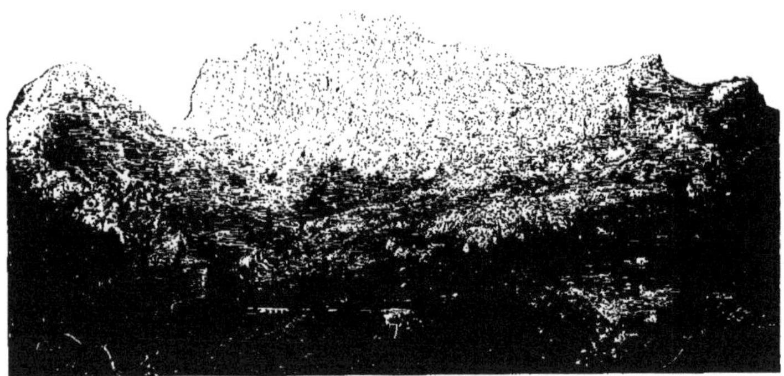

PUIG MAYOR (1506 M.)

La matinée est belle, par place de très légères nuées voilent le ciel. Les mules que j'avais louées sont enfin prêtes. Après avoir quitté la ville nous traversons d'abord une véritable forêt d'orangers et de citronniers jusqu'à un joli petit village, paroisse détachée de la commune de Sóller. Successivement nous traversons la zône des vergers dans la plaine, puis les pentes couvertes d'oliviers, ensuite viennent les chênes verts et enfin les rocs gris où presque plus rien ne pousse, sauf de petits buissons très bas à fleurs bleues, d'une forte odeur de thym. A partir de là le chemin devient plus rocailleux et monte indéfiniment en lacets jusqu'à la grimpée finale aboutissant à un col.

Avant d'arriver au col il faut mettre pied à terre pour continuer

VUE DU PUIG TOMIR DU HAUT DU PUIG MAYOR

à pied par un vrai sentier de haute montagne, le vent fraîchit et devient très désagréable; du col la vue est frappante : après la vallée prospère que nous avons quittée depuis trois heures, j'ai devant moi un paysage désolé, des rocs dénudés, des crêtes de montagnes se dressant fièrement tout autour de moi.

Quoique ces montagnes soient de hauteur modeste, elles ont des allures de grands pics. Une petite heure de marche me mène au sommet du Puig Mayor, qui n'est pas difficile d'accès, puisque un sentier de piétons monte jusqu'à la cime; je pris au plus court par quelques rochers fort simples. Du sommet l'on voit toute l'île, Palma et sa baie droit au sud, les plaines de l'île jusqu'à Monacor. Du côté de Lluch s'ouvre une brèche, mais on n'apercoit pas le fond de la gorge. De place en place on distingue une petite baie pâlie par l'éloignement. La vue la plus belle s'étend vers l'est dans la direction de Pollensa : la baie d'Alcudia se dessine très nettement, les trois pointes du cap Formentor, extrêmité nord-est de l'île, tout voisins et semblables se profilant en pentes abruptes dans le lointain; plus près, le Puig de Tomir qui cache en partie la plaine d'Alcudia fait bonne figure. Sous mes pieds vers le nord je domine immédiatement la mer : une côte déchiquetée; rien que des rocs arides; sur les moindres promontoirs, une tour de guette en ruine; pas un arbre, des crêtes au-dessous de moi, et la mer bleue qui semble remonter vers l'horizon, jamais on ne croirait qu'une différence de niveau de 1500 mètres me sépare d'elle. De l'autre côté un petit carré vert forme le Pla de Cuba, d'où l'on descend à l'origine du Gorg Blau qui mène à Lluch. L'autre pointe du Puig Mayor me cache la vue de Sóller.

LE PUIG MAYOR

Quelques minutes après mon arrivée au sommet, des nuages venant du côté de Palma se mirent à courir sur les cimes, les cachant par moments à ma vue; bientôt il ne resta plus de libre que la mer et les caps avoisinants.

La montée m'a pris quatre heures; à la descente, ce n'est qu'arrivés dans les bois d'oliviers que le vent glacé du sud nous laissa tranquilles. A trois heures de l'après-midi j'étais de retour à Sóller.

Sóller, 16 et 17 mai.

Passé tranquillement ces deux jours à peindre la vue du Puig Mayor et à visiter la ville. Dans la partie la plus ancienne groupée autour de l'église, il y a des rues étroites et tortueuses, mais

Seconde cime du Puig Mayor

Sommet du Puig Mayor et la mer

pavées et proprettes; l'intérêt est dans les maisons qui, riches ou modestes, sont d'une admirable propreté et offrent toutes la même disposition; derrière la porte toujours ouverte sur la rue, on voit une vaste pièce avec de jolis bancs, chaises et fauteuils en paille tressée, rangés le long des murs blanchis à la chaux; du milieu part l'escalier très raide, dont les marches sont revêtues de plaques de faïence colorée. Dans le fond de la pièce, une porte s'ouvre sur le jardin qui est rempli de fleurs à profusion : géraniums lierre, lys rouges, arom, iris, roses, etc.

Le bas de la ville s'étend vers le port, c'est là qu'est le quartier neuf, sans charme ni caractère; des maisons hideuses, dispersées çà et là le long de rues encore en formation, tracées au dépend des jardins d'orangers qui devaient auparavant former une ceinture ininterrompue à Sóller. En ce moment une maladie sévit sur les feuilles et les fruits qui se couvrent de petits points noirs. Le commerce des oranges en est très touché, beaucoup de propriétaires changent la culture et plantent des amandiers.

Dimanche, je fus à la grande messe; il y avait nombreuse assistance, autant d'hommes que de femmes et d'enfants; les femmes, revêtues de leur légère mantille noire, apportent chacune un pliant et se placent en avant, entre les quelques bancs occupés par les hommes et le chœur. Le sermon prêché en mallorcain fut interminable. Au moment du baiser de paix, les femmes se tournant l'une vers l'autre font toucher la croix de leur chapelet qu'elles portent aussitôt aux lèvres. Cela doit être un pieux usage Mallorcain, je ne me souviens pas de l'avoir vu ailleurs en Espagne.

Pollensa, 18 mai.

Je quittai Sòller pour Lluch ce matin à 5 h. 40, par une matinée chaude et orageuse. La ville commençait à s'animer, quelques jeunes filles portaient gracieusement posées sur une hanche de grandes amphores en terre rougeâtre qu'elles allaint remplir aux fontaines; de nombreux enfants étaient déjà à leurs jeux, et l'on pouvait en voir presque dans chaque maison s'amusant sous les arches des portes; les oiseaux gazouillaient dans des cages suspendues dans la grande salle. Tout cela donnait l'impression d'une ville paisible et heureuse.

GUARDIA CIVIL ET SA FAMILLE

La route pour le Pla de Cuba et Lluch s'engage une demi-heure après la sortie de la ville dans un *barranco* rocailleux et sauvage; le chemin dallé de pierres glissantes monte en pente raide vers le col, qui se trouve presque sous le sommet du Puig d'Olafre. De la montée, comme à travers une brèche, tant le barranco est resserré et rapide, on aper-

Gorg blau

çoit Sóller dans le bas, noyé dans ses vergers et ses bois d'orangers. Au col l'on arrive sur un plateau où le paysage devient subitement sauvage et désert, le Puig Mayor domine toute la région ; puis le sentier se met à descendre vers le Pla de Cuba, dans un vallon digne de la Kabylie, où quelques maigres champs, quelques maisons isolées semblent perdus dans l'aridité générale. Un peu plus bas, je rencontrai d'abord de rares bouquets de pins et de peupliers de Virginie et enfin un vrai bois de chênes verts. Jamais je n'en avais vu de pareils, d'un port aussi majestueux et d'une verdure aussi intense que parmi ces rocs désolés.

Chemin du Gorg blau

Le Gorg Blau est en somme une désillusion. L'entrée est sans doute belle, un ruisseau se faufile entre des rocs formant un défilé étroit ; l'eau y est transparente et bien bleue, mais le tout dure à peine trente mètres, c'est réellement peu

Pla de Cuba

pour une telle réputation de beauté; malheureusement pour son charme, une société électrique a capté ce même ruisseau un peu plus loin, ce qui certainement ne contribue pas à embellir l'aspect de la gorge.

A la sortie du cañon, on aperçoit les rochers qui forment la fameuse coupure Dets-Paseys. L'eau du Gorg Blau unie à celle du ruisseau de Lluch se jette dans la mer par cette brèche taillée dans

MONASTÈRE DE LLUCH

le calcaire. Cet endroit est célèbre, mais d'après ce que j'ai vu d'en-haut, la coupure est fort courte, car la mer est là tout près. Encore un col peu intéressant à passer et me voilà descendant à Lluch, dans le couvent de la Vierge Miraculeuse, lieu de pélerinage célèbre des Baléares.

La fondation de ce monastère date de la Reconquista des Aragonais. La grande place avec une vieille fontaine, à droite un long bâtiment ouvert et soutenu par des colonnes qui sert d'écurie aux pélerins, dans le fond le porche du couvent, forment un ensemble des plus pittoresques.

Dans une petite chapelle dont la porte donne sur la grande église, se trouve la statuette en bois noircie par le temps, d'aspect primitif, de Nostra Senyora de Lluch ; de vieux lampadaires en

Ecurie de Lluch

argent pendent du plafond. On respire une atmosphère de piété dans ce vénérable sanctuaire.

Depuis la suppression des couvents le monastère est la propriété de l'Evêque de Palma qui en a confié la garde à un ordre diocésain.

Cour du monastère de Lluch

En ce moment de grands travaux vont considérablement augmenter les bâtiments, l'affluence des pélerins depuis qu'une route monte d'Inca à Lluch, devenant de plus en plus considérable. Le couvent leur fournit pour une nuit le couvert, le feu et l'huile pour le repas.

Comme je suis arrivée à Lluch à une heure de l'après-midi, je me décide à doubler l'étape et à repartir le jour même pour Pollensa qui se trouve encore à quatre heures de marche. Le long de la route je suis frappée par la bizarre formation des rochers qui sont comme taillés au ciseau en tranches aiguës, et qui rappellent par leurs formes les nieves penitentes des Andes dont j'ai vu la photographie. Ces rochers abondent entre Lluch et Pollensa, ils recouvrent de longues collines.

Après une montée d'une demi-heure, le sentier descend au

Roches calcaires

milieu de chêne-verts et de rochers sur la plaine de Pollensa. L'on aperçoit la mer en plusieurs endroits, des pics escarpés s'élèvent à droite et à gauche, dans le fond le triple cap de Formentor découpe ses formes nobles et originales. Cette vue superbe est une des plus belles de mon voyage jusqu'à présent.

Mallorca en somme bien petite, offre en vérité quantité de points de vue aussi variés qu'admirables.

Pollensa, 20 mai.

Pollensa, ainsi que la Vega qui l'entoure, bien cultivée en céréales et parsemée de chêne-verts et d'oliviers, a un caractère moins méridional que les environs de Palma et de Soller. L'assolement employé à Pollensa et dans toute l'île est le suivant : on laboure avec une charrue consistant en un pieu de bois à pointe revêtue de fer,

DESCENTE SUR POLLENSA

s'enfonçant en bec d'oiseau dans la terre et attelée d'un ou deux mulets. On fume d'abord avec des cendres de branchages d'oliviers, caroubiers et chêne-verts, brûlés sur place à petit feu sous des tas de terre, et mêlés de fumier de mulet. Semences; première année : gros haricots ou bien orge; deuxième année : froment; troisième année : avoine; quatrième année : jachère et brûlure de branches. On cultive ainsi sous des vergers peu fournis d'arbres, oliviers et caroubiers sur les pentes, amandiers dans la plaine. Sous les bois d'orangers on ne plante rien ou l'on a des cultures maraichères : lentilles, tomates, pommes de terre, petits pois, haricots verts très fins. Au milieu des orangers on voit souvent des neffliers du Japon aux fruits comestibles.

Quant à la petite ville de Pollensa où les insurgés de 1521-1523

POLLENSA

résistèrent longtemps et désespérément, ses rues étroites et ses toits de tuiles décolorées rappellent plutôt les petits bourgs de la Provence; fort peu de maisons ont de ces patios couverts qui sont le charme de Sóller. L'aspect de la ville n'est pas celui de la richesse. Elle se blottit sur le flanc d'un mamelon, couronné par un calvaire dont la vue est très-belle; plus haut sur un monticule en pain de sucre s'élèvent les ruines d'un vieux château fort. Si la ville est un peu banale, par contre la population, les femmes surtout, est remarquablement belle; généralement blondes et bien faites, elles portent un châle beige en forme de capuchon, sur les cheveux un voile de tulle blanc; une jupe bleue ou d'un rouge éclatant achève le pittoresque de ce charmant costume. Les hommes de la jeune génération sont habillés comme partout, mais les vieux ont encore gardé leur culotte bleue bouffante, les bas noirs, les souliers à rubans, la veste courte et le chapeau de feutre noir à grands bords.

C'est aujourd'hui l'Ascension, les rues sont animées depuis le grand matin, sous mes fenêtres il y a marché aux petits cochons noirs dont les cris aigüs me réveillent. Sur la place principale toute voisine, une musique d'amateurs donne dans l'après-midi un concert qui dénote plus de bonne volonté que d'entraînement. Le paseo de toutes les villes d'Espagne a lieu pendant ce temps. Les beautés de

FUENTE DEL GALLO

Pollensa se promènent en rond dans leurs plus beaux atours, tandis que les hommes causent arrêtés par groupes. Dans l'auberge où je loge sous une terrasse à l'orientale, le premier étage contient une grande salle qui regorge de consommateurs, d'ailleurs fort paisibles et nullement bruyants.

Le temps est lourd, orageux, le ciel gris, la couleur manque; dans la soirée une petite pluie fine achève de me rappeler le climat béarnais d'une manière peu souhaitable.

ANCIEN COSTUME DE POLLENSA

Pollensa, 21 mai.

Toujours ce même temps gris, les mêmes nuages d'où la pluie ne veut décidément pas tomber, et cet air lourd, malsain, qui donne mal à la tête. Impossible de peindre ou d'entreprendre une course lointaine; pourtant il y a beau coup à voir dans ce coin de l'île qui à mon avis est le plus beau de ce petit paradis. Quelle variété de plaines, de monta-

VEGA DE POLLENSA ET CAP FORMENTOR

gnes et de mer autour de Pollensa! C'est à ravir l'œil le plus difficile.

L'hospederia dont je suis la seule habitante, appartient à une honnête famille, José Vila. Le père est bon cuisinier, le fils, la fille et une servante font le reste dans le café et servent les rares voyageurs; tous quatre sont aimables, empressés et n'ont qu'un désir, celui de se rendre agréables. D'ailleurs dans toute l'île de Mallorca je n'ai rencontré jusqu'à présent qu'une population hospitalière et serviable. La plupart parlent le castillan quoique leur langue soit un patois rappelant fort le parler du midi de la France. Il est à noter que l'île a été conquise par les Catalans et que le roi était Seigneur du Roussillon et de Montpellier.

Ce soir un *pasa-calle* a défilé sous mon balcon; c'était une troupe de jeunes gens dont les uns portaient des torches et les autres jouaient de la guitare; un peu plus loin ils firent une halte devant une maison. C'est la première fois que j'entends à Mallorca l'instrument national et jamais je n'ai vu danser; par contre la population psalmodie pendant le travail des espèces de chants à l'arrière-goût arabe, aux sons gutturaux et aux rythmes lents, sans mesure déterminée, sans idées proprement musicales, sortes de mélopées qui se plient à toutes sorte de paroles et qui ont quelque chose de triste rappelant les grands espaces du désert.

L'île en général donne une impression de prospérité, les habitants sont laborieux et intelligents, tout le monde semble occupé et heureux, peu de flâneurs et pas de mendiants, même le dimanche. Pas un loqueteux ne vous attriste la vue, toutes ces femmes et tous ces hommes sont bien habillés et ont des figures fraîches, saines, à l'ovale rond et aux grands yeux bruns ou noirs; les enfants très nombreux partout sont proprement tenus, les petites filles souvent ravissantes sont coiffées à la Valasquez, les jeunes filles ont des cheveux magnifiques, elles les portent nattés, la tresse passée sous leur fichu, et le bout, attaché d'un ruban noir, pend souvent jusqu'à mi-jambes.

UNE RUE A POLLENSA. — VIEILLE SOUS SA PORTE

Les maisons dans les villes ou dans les campagnes sont toutes bien tenues ; chez les plus pauvres c'est toujours propre, rien ne tombe en ruine; dans les campagnes de jolis jardins ou des pergolas ornent le devant des maisons isolées, des fleurs partout aux fenêtres égaient les habitations et leur donnent un aspect riant. Même les chiens du pays, sorte de lévriers à poils ras et aux grandes oreilles pointues, semblent heureux de vivre.

Environs de Pollensa

Pollensa, 22 et 23 mai.

J'ai employé mon temps à me promener dans la ville et à peindre. Aujourd'hui c'est dimanche, le marché a lieu sur la place, des légumes en grande quantité, des fruits, des instruments aratoires primitifs se vendent à côté de mules venues de Catalogne, de brebis et d'innombrables cochons noirs.

Dans la matinée j'ai gravi le Puig Maria, au sommet duquel s'élève un ancien couvent, qui paraît avoir été antérieurement forteresse, actuellement propriété de la ville. Ce n'est qu'une courte promenade très digne d'une visite, la vue est de toute beauté; la baie d'Alcudia divisée par des promontoires, de l'autre côté les montagnes de Lluch, la ville de Pollensa à pic sous les pieds.

Pollensa, 24 mai.

Temps magnifique, pas un nuage au ciel, à six heures le soleil est déjà chaud. En route pour la Cala S.-Vicente; je pars dans un carreton mallorcain attelé d'un robuste cheval blanc.

Forteresse du Puig Maria

Ruelle a Pollensa

Le chemin suit d'abord la direction du port de Pollensa, puis prend une route de traverse assez cahoteuse, au bout d'une heure l'on débouche sur une superbe baie. Quelques pauvres maisons de pêcheurs au bord d'une jolie grève rendent le paysage encore plus désolé. A droite toute la côte ne se compose que d'un grand mur de rochers bleu-foncé, effet du contre-jour; il baigne dans la mer,qui a des tons indescriptibles, bleu aigue-marine, bleu saphir, vert émeraude éclatant, et à l'horizon des tons d'opale se fondant avec le ciel. L'eau ici est d'une couleur vraiment unique, par endroits on la croirait éclairée par des lumières sous-marines. Un contrefort couvert d'aloès avec une tour construite en éperon regardant droit vers l'ouverture de la baie, s'avance en

Carreton Mallorcain

promontoire près du hameau; sur la grève, pas un coin d'ombre, le soleil darde des rayons presque perpendiculaires. On voudrait ne jamais quitter ce lieu et suivre toujours dans l'eau les fantastiques changements de couleur et de lumière.

Je fis une rapide étude de ce coin merveilleux.

Pollensa, 25 mai.

Si la vue que j'ai eue hier à la Cala S.-Vicente m'a ravie, celle que j'ai eue aujourd'hui des hauteurs derrière Albercuix, m'a frappée encore davantage. J'ai pris un carreton jusqu'au puerto de Pollensa et de là, jusqu'au phare d'Albercuix bâti en 1907; quelques pas plus loin on voit la ligne tourmentée de la côte jusqu'au cap Formentor après lequel s'ouvre la pleine mer; en face l'Atalaya d'Alcudia et le cap del Pinar séparent la baie de Pollensa de celle d'Alcudia; la ville du même nom s'élève à côté de ce groupe rocheux sur une étroite bande de terre basse et marécageuse. Les deux baies scintillent au soleil baissant. En arrière vers Pollensa, les chaînes de montagne s'étagent en lignes bleuâtres, dominées tout au fond par la masse superbe du Puig Mayor.

Cala S.-Vicente et Moro det Bosch

Cala S.-Vicente et Moro det Bosch

Baie de Pollensa

Revenue en arrière dans le carreton, je tourne à droite avant les maisons du Puerto, et en quelques tours de roues j'arrive au Mas d'Albercuix au pied même d'une chaîne de montagnes rocheuses. Le cocher m'indique un sentier (chose d'ailleurs rare sur ces cîmes désolées qui ne peuvent pas nourrir de troupeaux), qui s'élève dans une gorge vers les falaises de la haute mer. Après une demi-heure je l'aperçois soudain, entre des caps formidables. Escaladant l'un d'eux je jouis d'un spectacle magnifique; la mer est à mes pieds, au fond du précipice; à ma gauche, la masse déchiquetée du Morro det Bosch, que j'avais peint la veille de l'autre côté à la Cala S.-Vicente; à ma droite, le sentier descend à pic vers une toute petite crique (Cala det Bosch), vrai refuge de corsaire, d'où montent à ce moment sept à huit pêcheurs chargés de leurs filets. Au-dessus de cette crique, un cap très élevé surmonté d'une tour; plus loin, nouveau roc escarpé plongeant dans la mer, le Cabo de Catalunya. Au-delà le terrain s'abaisse, un vallon boisé remonte par pentes douces jusqu'au cap Formentor, point extrême de cette côte et qui marque l'entrée de la baie de Pollensa.

La sauvagerie du lieu, l'heure avancée, la beauté des contours, la couleur de la mer et des rochers me donnèrent la vive impression que c'était là le plus beau spectacle que j'avais encore contemplé durant mon voyage.

VUE PRISE DU CALVAIRE DE POLLENSA SUR LE PUIG TOMIR

Pollensa et retour à Palma, 26 mai.

Le climat de l'île est réellement extraordinaire pour sa latitude; quand on pense que les Baléares sont plus au sud que Naples, on est frappé par la légèreté de l'air et même par sa fraîcheur; à la fin de mai, aujourd'hui par exemple, de légers nuages couvrent par endroits le ciel et s'amoncellent autour du Puig Mayor et du Tomir. La matinée est presque froide, le vent vivifiant, et je me sens de force à fournir une longue course. Les habitants de l'île assurent qu'ils jouissent de ce temps jusqu'en juillet et que ce ne sont que les trois mois d'été qui sont accablants et où l'eau devient rare dans les ruisseaux. C'est pourquoi partout dans la campagne se voient des

PUITS ET CITERNE

Castillo del Rey

citernes à ciel ouvert, faites en maçonnerie et remplies jusqu'aux bords. Chaque maison en a une ou deux; tout à côté, deux roues sont manœuvrées par un manège de mulet, l'une est horizontale, l'autre verticale, sur celles-ci sont adaptés tout autour des pots de terre qui vont puiser l'eau dans un puits ou un ruisseau et la déverse dans la citerne; ou bien la puise dans la citerne pour la déverser dans les canaux d'irrigation. Ce système primitif me rappelle celui employé par les fellahs d'Egypte sur les bords du Nil.

Avant de quitter définitivement le nord de l'île je fis une dernière excursion aux environs de Pollensa et visitai le Castillo del Rey. Partie en carreton à six heures et demie du matin, je traverse une partie très fertile de la Vega pour m'engager bientôt dans un étroit défilé où le chemin est abominable; là commence le sauvage vallon de Tornellas, rempli par une belle forêt de chênes verts. Cinquante minutes après avoir quitté Pollensa, je laissais le carreton pour continuer à pied.

Ruines du Castillo del Rey

Sortie du bois j'arrive sur un plateau désert où le cri d'un gros goëland se mêle aux chants des rossignols. De là on aperçoit au loin sur le haut d'une pente en éboulis un roc tout rouge se dressant dans le ciel, rond et vertical comme une énorme tour naturelle. Sur ce roc imprenable, véritable nid d'aigle, se dressent les ruines du

RUINES DU CASTILLO DEL REY

Castillo del Rey. On se demande de quel côté l'on y peut pénétrer. Ce n'est qu'en grimpant jusqu'au pied des remparts qu'on découvre un passage taillé dans la pierre et couvert d'une voûte qui donne accès à la forteresse.

Du côté de la mer le précipice est vertigineux, une mouette qui vole sur l'eau bleue semble un tout petit point blanc au-dessous de moi; des vagues viennent se briser aux pieds des falaises; le son m'arrive à peine perceptible, tandis que l'écume blanche frange la côte comme une dentelle féérique. Vers l'est je vois une succession de caps depuis le Morro det Bosch jusqu'au cap Formentor.

Malheureusement il ne reste presque plus rien du Castillo : trois

Pont Romain a Pollensa

arceaux gothiques et le mur d'enceinte en partie crénelé. Il y a cent ans il était encore presque intact. Sa construction primitive remonte sans doute à l'époque des Maures, puisqu'il fut assiégé et pris lors de la conquête de Jayme Ier au commencement du XIIIe siècle.

J'étais de retour vers midi. On passe par un ancien pont presque unique vestige de la domination romaine.

Je quittai Pollensa à trois heures. Une heure et quart de car-

Hopital de Pollensa

reton me mena à la Puebla, terminus du chemin de fer. Après avoir parcouru les plaines de l'île parallèlement à la chaîne de montagnes, je rentrais à Palma à la nuit.

Palma, 27 au 29 mai.

Temps merveilleux, ciel magnifique, air léger et presque trop

SUR LE PORT A PALMA

vif. Chose singulière : il est pour moi hors de doute que c'est à Palma situé dans la plaine et dont la baie s'ouvre au midi que le climat est le meilleur. A Soller et à Pollensa encerclés de montagnes l'air est souvent plus lourd, le ciel moins pur.

J'ai passé un après-midi à visiter le château de Raxa (pron. Racha) au comte de Montenegro, de l'illustre famille mallorcaine des Despuigts. Raxa est situé à douze kilomètres sur la route de Sóller. C'est une belle propriété avec une grande maison entourant une cour carrée, des jardins en terrasses l'environnent. Les pièces sont meublées en partie avec des meubles du pays, en partie avec d'anciennes armoires, tables, etc., d'un vieux travail italien. Il y a une jolie collection de porcelaines mallorcaines ; les antiquités romaines qui s'y trouvent sont fort mal exposées et peu à leur avantage.

J'allai ensuite à 5 kil. plus loin à l'entrée des montagnes où se trouve la belle habitation d'Albufadia ou Alfavia d'origine maures-

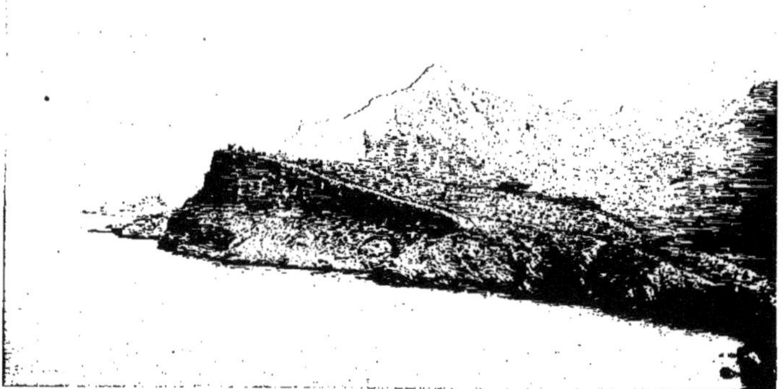

Sur la route de Bendinat

que ; c'était la propriété du maure Benah Abet qui rendit de grands services à Jayme Ier lors de la conquête. Sous la voûte d'entrée un caisson en mosaïque de bois assez bien conservé; dans les jardins, une citerne couverte, dans le genre arabe également. Une magnifique avenue de platanes mène de la route à la maison, entourée de vergers en terrasses plantées d'orangers et ornées de fontaines. J'ai surtout admiré une charmante pergola à colonnettes de pierre et couverte de roses d'où l'on aperçoit la Vega de Palma et la mer.

Le lendemain, je fus à neuf kilomètres sur la route d'Andraix au château de Bendinat à Don José Despuigts cousin des Montenegro. Le château est carré, flanqué de quatre tours qui antérieurement à la restauration étaient plus élevées. Il fut construit au siècle dernier par le marquis de la Romana dont la femme, grande dame hongroise, le vendit plus tard. C'est l'emplacement où Jayme Ier dîna, dans la tente de l'un de ses chevaliers, d'un morceau de pain et d'un oignon après la première victoire qu'il remporta sur les Maures en 1229; après dîner il dit en catalan : Ben dinat! ce qui donna le nom à ce lieu. L'habitation et les jardins sont fort bien tenus, les collines couvertes de pins auxquelles s'adosse le château font partie de cette grande propriété.

Un joli sentier à travers un vallon rocheux me mena en une

demi-heure au hameau de Génova, où je retrouvai ma voiture, et je rentrai à Palma par S.-Rapiña en passant à flanc de coteaux, entre le château de Belver et la montagne.

Palma, dimanche 30 mai.

Grand'Messe à la cathédrale ; belle cérémonie ; à la fois beaucoup de magnificence et d'austérité ; je suis frappée de la beauté de tons des chasubles, rose et argent dans l'éclairage atténué des cierges et des vitraux. L'assistance recueillie est très nombreuse : elle ne réussit pas cependant à remplir cette nef immense, des bancs espacés sont placés dans le premier tiers de la grande nef, le reste de l'édifice est vide. Comme dans toute l'Espagne, beaucoup de femmes apportent un pliant, et l'on peut les voir dans la rue à l'heure de l'office, hâtant le pas, vêtues de noir, délicieusement coiffées de leur mantille, les mains nues, les manches courtes et portant leur livre, leur pliant, leur évantail et leur chapelet.

Ruelle a Palma

Cette après-midi vers cinq heures, tout Palma en l'honneur de la fête et du beau temps, dévala par toutes les rues carrossables et toutes les ruelles en escaliers vers « El Borne » pour le classique paseo des villes d'Espagne, et de là jusque sur le port, le quai et le môle. Tous les navires avaient arboré leur flamme et leur pavillon, la grande bandera d'Espagne, écartelée or et gueule, claquait au vent au haut de la Tour de Belver. Dans cette foule de bonne humeur et de bonne tenue se confondaient toutes les classes, des femmes du peuple avec leur fichu blanc et leur châle beige, des bourgeoises en mantille — et aussi parfois hélas en chapeau — des ecclésiastiques drapés dans leur manteau, des officiers, des soldats en grande tenue. Tout cela se promenait en rangs serrés, toujours dans le même sens pour ne pas créer d'encombrement; quelques cavaliers, civils et militaires, et quelques voitures, toutes à la mode du pays, circulaient au pas.

Après dîner, quittant les rues encore animées, je m'en fus vers la place déserte de la cathédrale, et restai longtemps accoudée au parapet qui domine la mer. Les puissants contreforts du vaste édifice montaient droit dans le ciel étoilé; à mes pieds les eaux de la baie, agitées par la brise, scintillaient sous les rayons de la lune. Quelle mélancolie douce mais profonde, dans une soirée de printemps sous le ciel Méditerranéen.

Départ de Palma et arrivée à Barcelone, 31 mai.

C'est hélas le jour du départ; un temps superbe, un ciel immaculé, un soleil ardent, une brise légère, tout semble conspirer pour augmenter mes regrets.

J'aurai quitté Mallorca sans avoir visité les célèbres grottes de stalactites du Drach qui se trouvent non loin de Monacor ainsi que celles de Arta qui sont toutes deux, paraît-il, fort intéressantes; c'est d'ailleurs la seule chose à voir dans les plaines méridionales de l'île. A six heures et demie du soir le Balear, assez mauvais petit bateau levait l'ancre.

Il était dit que jusqu'au dernier moment cette île enchantée m'offrirait d'admirables spectacles. La mer immobile est d'opale, elle devient presque blanche vers la rive, les montagnes, derrière lesquelles disparaît le soleil colorant le ciel en vert et or, sont d'un bleu sombre. Une heure après nous défilions le long de la côte à portée de voix de l'île rocheuse que la lune presque pleine commençait à éclairer; les phares s'allument sur les caps. A huit heures nous passons à toute petite vapeur entre l'île de la Dragonera, dont le phare

ARRIVÉE A BARCELONE

est juché sur le point le plus élevé, et la grande île ; la passe coupée d'un rocher plat presqu'à fleur d'eau est fort étroite, et l'on ne s'y engage qu'en temps calme. Au-delà nous débouchons en pleine mer et piquons droit sur Barcelone. A ce moment, aux dernières lueurs du crépuscule, les falaises de la côte nord de l'île se déroulent subitement sous mes yeux. Le ciel se constelle d'étoiles, la lumière de la lune se joue sur la mer endormie, en un ruban d'argent moiré, qui remonte jusqu'à l'horizon. L'air est tiède, on se sent à peine marcher, les passagers, tous Espagnols, restent sur le pont attirés par ce spectacle féérique.

Au petit jour je me lève ; toujours mer d'huile, comme disent les Marseillais. Une innombrable flottille de barques de pêche gréées en felouques que la petite brise incline à peine, rentrent comme nous à Barcelone qui bientôt apparaît au soleil du matin derrière un nuage de brume et de fumée. A six heures le Balear s'arrime au quai par l'arrière.

Barcelone, 1er juin.

Pendant les courts moments passés à Barcelone je me promenai un instant sur la Rambla de Flores où se tient le marché aux fleurs ; c'est une profusion de roses, d'œillets, d'iris, de lys, de coquelicots roses, bref un enchantement pour les yeux.

A dix heures je quitte Barcelone par le train de luxe pour Cerbère.

Des deux côtés de la frontière la magnifique plaine fertile, ondulée, couverte de moissons encore vertes, des deux Cerdagnes espagnole et française, se déroule à ma gauche dominée par la masse imposante du Canigou, tandis qu'à ma droite la mer apparaît par moment au fond de petites criques. A Cerbère je prends le train direct pour Paris par Toulouse et Montauban.

Avant d'arriver à Narbonne la voie traverse cette région étrange des lagunes et de l'étang de Leucate où l'eau est verte et brun clair; un léger vent d'autan la soulève en petites vagues écumantes, tandis que tout près, séparée à peine par une bande de sable, la grande Méditerranée toujours bleue et couverte d'embruns déferle en lignes successives de brisants.

www.ingramcontent.com/pod-product-compliance
Ingram Content Group UK Ltd.
Pitfield, Milton Keynes, MK11 3LW, UK
UKHW020416230726
13925UKWH00004B/1474

9 782014 043211